キャリア教育に活きる！

仕事ファイル

センパイに聞く

① ITの仕事

システムエンジニア
プログラマー
CGアニメーター
プランナー
WEBデザイナー
サウンドクリエーター

① ITの仕事

Contents

File No.1
システムエンジニア ………… 04
小林 傑さん／コロプラ

File No.2
プログラマー ……………… 10
中村将達さん／チームラボ

File No.3
CGアニメーター …………… 16
山口朋輝さん／チームラボ

File No.4
プランナー ………………… 22
兼康希望さん／面白法人カヤック

キャリア教育に活きる！ 仕事ファイル

File No.5
WEBデザイナー ······ 28
飯嶋絵理奈さん／キノトロープ

File No.6
サウンドクリエーター ···· 34
高橋邦幸さん／MONACA

仕事のつながりがわかる
ITの仕事 関連マップ ······ 40

これからのキャリア教育に必要な視点1
プログラミング教育の本当の意味とは？ ······ 42

さくいん ······ 44

※この本に掲載している情報は、2017年4月現在のものです。

File No.1

システムエンジニア

System Engineer

コロプラ
小林 傑さん
入社6年目 28歳

コロプラは、おもにスマートフォンのゲームをつくっている会社です。最近は、VR※の技術を使ったゲームの開発に力を入れています。そんなコロプラで、システムエンジニアとして活躍する小林傑さんにお話をうかがいました。

ゲームの開発を通じて、最前線の技術に挑戦しています

Q システムエンジニアとはどんな仕事ですか？

　ゲーム会社の場合、どんな技術やプログラムを組みあわせてゲームをつくるのか、全体の設計を考えて決めることがシステムエンジニアの仕事です。

　プログラムとは、コンピューターを動かす命令のことです。パソコンやスマートフォンで使うソフトやゲームのアプリは、すべてプログラムによって動いています。例えば、ゲームの中の風景が動いたり、登場人物のセリフが表示されたりするのは、すべてプログラムによって決められていることなんです。

　一般的に、プログラマーは、システムエンジニアが考えた全体像にそって、プログラムをつくっていきます。

　でも、ぼくの働いているコロプラでは、プログラマーとシステムエンジニアの役割にあまりちがいはなく、システムエンジニアもプログラムをつくります。5〜10名でチームを組んで、それぞれ得意な技術を活かしながら、ひとつのゲームをつくっていくんです。

コロプラが提供する『白猫VRプロジェクト』。VR用のヘッドマウントディスプレイを装着して、スマートフォンなどで操作する。

プログラムができあがったら、実際と同じ方法で、ゲームをプレイしてみて、チェックする。

パソコンで英数字を打ち、プログラムをつくっている画面。これがパソコンやスマートフォンへの命令となる。

Q どんなところがやりがいなのですか？

　ゲームの開発を通じて、最前線の技術に挑戦しているというところです。

　最近、コロプラでは、VRという新しい技術を使ったゲームに力を入れています。ぼくは今、VRを使ったゲームをつくるチームのリーダーをつとめています。

　VRは、まだまだ始まったばかりの技術です。コンピューターでつくられた仮想現実の世界を、いかにリアルに感じさせるかが大事です。まだまだ課題がたくさんあるので、その解決策を日々追求しています。

小林さんの1日

- 09:45　出社。VRチームのリーダーとして、それぞれの制作チームの状況を確認したり、指示を出したりする
- 11:30　社内での打ち合わせ
- 13:30　ランチ。社内で作業
- 18:00　協力して制作を行っている会社と打ち合わせ
- 20:30　退社

用語　※VR⇒バーチャル・リアリティ。ヘッドマウントディスプレイなどを装着して、観ている映像を現実のように感じさせる技術。

Q 仕事をする上で、大事にしていることは何ですか？

楽しいゲームをつくるためには、まず、つくり手が楽しむことが大事だと思っています。

つくり手の姿勢は、ゲームで遊ぶ人に、知らず知らずのうちに伝わるというのが、ぼくの考えです。つくり手自身が、おもしろがりながらつくったゲームは、遊ぶ人にとっても、楽しいゲームになると信じています。

ぼくがリーダーをつとめるVRのチームでは、いいゲームをつくるためにも、チームが「楽しい集団」になるように心がけています。気がついたことがあったらすぐに意見を言って、チーム内の風通しがよくなるようにしているんです。

小林さんの職場。「いつもチームのみんなで、ワイワイと、楽しく意見を交換しながら仕事をしています」

・VRヘッドマウントディスプレイ・
・ノートパソコン・

PICKUP ITEM

左のヘッドマウントディスプレイは、VRのゲームに欠かせないもの。装着すると、ゲームの世界が目の前に広がり、現実の世界のようにリアルに見える。右は、小林さんのパソコン。プログラムづくりなどに使う。

Q なぜこの仕事をめざしたのですか？

じつは、ぼくはずっとプロサッカー選手になりたかったんです。でも、その夢は、高校3年生の夏に大きなけがをしたことであきらめなくちゃいけなくなりました。それ以来、やりたいことが見つけられなくなったんです。大学生になり、就職活動の時期になっても、何も手につきませんでしたね。だから、卒業を延期して、アメリカに留学することにしました。

すると留学中に、たまたま日本人のシステムエンジニアと仲良くなる機会がありました。その方から、ゲームの仕事がいかにおもしろいかという話を聞いたことが、システムエンジニアをめざすきっかけになりました。手に職がつけられるところも、魅力的でしたね。

また、大学時代に2時間もかかる通学時間がいやで、学校を休みがちだった友だちがいました。でも、コロプラの『コロニーな生活』というゲームを始めてから、毎日学校に来るようになったんです。自分が実際に移動した距離に応じて、街を発展させることができるゲームだったので、移動距離をかせぎたかったんでしょうね。その姿を見て、「ゲームは人の心を変えられる、すごい」と思いました。それでシステムエンジニアとしてコロプラで働きたいと思ったんです。

Q 仕事をする上で、むずかしいと感じる部分はどこですか？

最初は、プログラムをどのようにつくったらいいのか、知識を身につけるのに苦労しました。

ぼくは大学でプログラムの勉強をしてこなかったこともあり、入社してすぐのころは、知識や技術がまったく足りなかったんです。そこで、入社してから数か月間は、会社では、わからないことがあれば先輩に積極的に質問をして、家へ帰ると、参考書を片手にプログラムづくりの練習をする、といった毎日を過ごしました。

『コロニーな生活』。移動距離が長いほど、人口が増えて、ゲームの中の街を発展させることができる。

Q 今までにどんな仕事をしましたか？

会社に入ってから今まで、ずっと、スマートフォン向けのゲームをつくってきました。

入社したあと、まずは、簡単な操作で遊べるゲームの制作にいくつか参加しました。スマートフォンの画面をタッチしたり、スライドしたりするだけで楽しめるゲームです。

そして入社2年目で、『ほしの島のにゃんこ』というゲームの制作チームのリーダーになりました。星の形の島に住むかわいい「にゃんこ」に、畑を耕したり、動物を育てたりといった経験をさせて、成長させていくゲームです。

この『ほしの島のにゃんこ』が、大ヒットしました。このことを評価してもらい、入社3年目でVRゲームをつくるチームのリーダーをまかせてもらえることになったんです。チームは、ゲームごとにグループがあって、全体で数十人のメンバーがいます。大きなチームなので、責任重大です。

小林さんがつくったゲーム『ほしの島のにゃんこ』。ネコたちが暮らす島を育てていく。

Q ふだんの生活で気をつけていることはありますか？

休みの日には映画を観るなどして、知識を増やすように心がけています。

ぼくは高校3年生まで毎日サッカーばかりしていました。そのために、みんなが当たり前のように知っていることを知らない、ということがけっこうあるんです。

例えば、ゲームの演出についてチームで話しあっていると、「ここはあの映画のあのシーンみたいにしたいね」と言ってチーム内で盛りあがることがあります。そんなとき、ぼくだけそのシーンがわからないということがあります。なので、未知のことにどんどんふれて、何でも吸収したいんです。

Q これからどんな仕事をしていきたいですか？

VRはまだ新しい技術ですが、必ずVRのゲームの時代が来ると思っています。2015年の1月にチームを立ちあげたときも、社長から「よろしく頼む」と言われました。

自分がこうした先端技術の開発に関われるのは技術者として光栄です。

また、コロプラのVRチームを、「VRの技術にかけては世界一」と言われるくらいの、最強のチームにしたいです。そのチャンスは、じゅうぶんにあると思っています。

そのうち、世界中をあっと言わせるような、大ヒットゲームをつくりたいですね。

システムエンジニアになるには……

システムエンジニアになるために、とくに必要な資格はありません。しかし、プログラミングの知識をもっていると、IT系企業やゲーム会社に採用されやすいでしょう。プログラミングは大学の情報工学系学部や理工系学部、コンピューター系の専門学校、高等専門学校などで学ぶことができるので、システムエンジニアをめざす人は、身につけておくとよいでしょう。

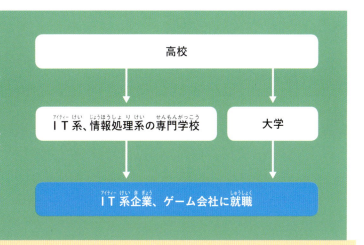

※ この本では、大学に短期大学もふくめています。

Q システムエンジニアになるにはどんな力が必要ですか？

ゲームづくりに必要な技術はどんどん新しくなります。なので、新しいことや知らないことに、積極的に挑戦できる力が求められると思います。

システムエンジニアの仕事は、やってみなくてはわからないことばかりです。新しい技術を試すときはもちろん、ゲームをつくっていて、予想外の問題が発生することもあります。ひたすら、挑戦と失敗のくりかえしです。

中学校生活でも、壁にぶつかってしまうことがあると思いますが、先が見えないときにも「じゃあこうしてみよう！」と、気持ちを切りかえてチャレンジする姿勢が大切です。

『ほしの島のにゃんこ』のにゃんこは人気のキャラクターで、ぬいぐるみなどのグッズもある。左は、会社のイメージキャラクター「クマ」

小林さんの夢ルート

- **小学校〜高校 ▶ プロサッカー選手**
  3歳から始めたサッカーに夢中になり、必ずプロになると心に決めていた。

- **高校3年 ▶ 働きながらサッカー選手**
  企業のサッカー部で、働きながらサッカーを続けたいと思っていたが、高3の夏にけがをして、サッカーをやめる。

- **大学 ▶ システムエンジニア**
  ゲーム関係の仕事に興味がわき、手に職がつくシステムエンジニアをめざすことにした。

Q 中学生のとき、どんな子どもでしたか？

「サッカーしかやってない」というくらい、サッカーづけの毎日でした。

ぼくは3歳のころにサッカーを始めて、それ以来プロの選手になりたいと思っていました。中学校のころには、県の選抜チームに招集されることもあったんですよ。部活が終わって帰宅したあとも、毎日近所の公園で、ひとりでサッカーの練習に明けくれました。練習に夢中になりすぎて、気がついたら真夜中、ということもよくありました。

しかし、中学2年生のときからは、勉強もしっかりやるようになったんです。それは、通っていた塾の先生に、「もしけがをして、サッカーができなくなったらどうするの？」と言われたことがきっかけでした。

それまで、ぼくは勉強が苦手で、通知表に1や2がならぶこともありました。でも、塾の先生のおかげで心を入れかえることができて、一生懸命がんばって勉強したんです。最終的には進学校に合格することができました。

ぼくは、高校3年生でサッカーをやめ、大学進学をしたので、中学のときに勉強を始めておいて、本当によかったです。

サッカー部に所属し、サッカーに夢中だった中学時代。「ミッドフィルダーとしてチームを引っぱっていました」

今も大切にとってある中学のサッカー部のユニフォーム。

Q 中学のときの職場体験は、どこに行きましたか？

中学2年生の冬に、ガソリンスタンドへ行きました。

給油に来たお客さんの車内のゴミを捨てたり、窓ふきをしたりしてから、最後に「ありがとうございました！」と大きな声であいさつしたのを覚えています。あいさつのときは、深くおじぎをするのが大事と教わりましたね。

寒い季節に外で作業をしたので、とてもからだが冷えました。「仕事って大変だな」と思った記憶があります。

Q 職場体験では、どんな印象をもちましたか？

「仕事」というものを1日体験してみて、楽しんで夢中になれることを仕事にしたいな、という思いが強まりました。

当時、ぼくにとっていちばん身近な「働くおとな」は母でした。女手ひとつで、ぼくを高校・大学と私立に通わせてくれたので、大変だったと思います。

しかも母は、いつも仕事で海外をいそがしく飛びまわっていました。でも、とても楽しそうに仕事をしていたんです。その母の姿に、影響を受けました。

おとなになった今でも、仕事に対する熱意や活躍する分野のはば広さなど、ビジネスマンとしていちばん尊敬しているのは母ですね。

Q この仕事をめざすなら、今、何をすればいいですか？

ゲームのシステムエンジニアになりたいのなら、いろいろなゲームをやったり、簡単なゲームをつくってみたりしてください。やる気さえあれば、だれでもゲームをつくることができます。あとは、好ききらいをせず、何にでも挑戦してもらいたいです。自分のできることをひとつでも増やしておくと、おとなになったとき、たくさんの引き出しをもつことができます。これは、本当に大切です。ぼくは、今、そこで苦労していますから。

ネットを使って何でもできてしまう時代ですが、体験して学んだことというのは特別です。自分の足を動かして、いろいろなことを体感してほしいですね。

つくり手が楽しんでつくったゲームは、遊ぶ人も楽しめるゲームになる

ー 今できること ー

ふだんの暮らし

システムエンジニアの仕事道具は、パソコンです。家や学校にあるパソコンをどんどんさわって、操作に慣れておきましょう。

システムエンジニアになると、プログラムについての知識が必要になります。中学生でも簡単にプログラムが勉強できるWEBサイトもあるので、実際にプログラムを組んでみるとよいでしょう。

またスマートフォンやゲームの技術についてのニュースを新聞などでチェックしておくとよいでしょう。

 国語
システムエンジニアには、つくっているゲームについて説明することや、議論をする機会がたくさんあります。語彙を増やして、自分の意見を正確に説明できる国語力が欠かせません。

 数学
コンピューターのプログラムのもとは数字です。中学で学ぶ数学は、きちんと理解しておきましょう。理系の大学の中には、プログラムについて授業を行っているところもあるので、めざしてみるのもよいでしょう。

 英語
プログラムをつくるときには、英単語をたくさん使います。英単語は、意味をきちんと理解した上で、覚えておくようにしましょう。

File No.2

プログラマー
Programmer

チームラボ
中村将達(なかむらまさたつ)さん
入社4年目 27歳

プログラマーは、コンピューターを動かす命令「プログラム」を作成します。中村将達(なかむらまさたつ)さんは、コンピューターを使ってアート作品や企業の展示物、コンサートの舞台(ぶたい)などさまざまなものをつくるチームラボで、プログラマーとして活躍(かつやく)しています。

> プログラムで新しいアートをつくりだすことが楽しいんです

Q プログラマーとはどんな仕事ですか?

パソコンであっても、銀行のATMであっても、すべてのコンピューターはプログラムによって動いています。そのプログラムをつくっているのが、ぼくたちプログラマーです。チームラボでは、実用的なものだけでなく、アートの分野でもコンピューターを使って作品をつくっています。

ぼくがつくった作品のひとつに、「Light Sculpture of Flames」という、光で炎を表現したものがあります。

たくさんのLEDが集まった装置で、LEDはひとつひとつ光ったり消えたりします。それが全体では、まるで大きな炎がゆらめいているように見えるんです。ひとつひとつのLEDの光の明るさや、光るタイミングはすべてプログラムで制御していて、炎の形が同じになることはけっしてありません。永久に変わりつづける美しい炎、これはプログラムだからできることなんです。

多くの場合、プログラマーは、ひとりでひとつの作品をつくるわけではなく、何人かで共同でつくっていきます。

中村さん制作の、動く彫刻『Light Sculpture of Flames』。「実際に炎を見て、どうゆらめくかを研究しました」

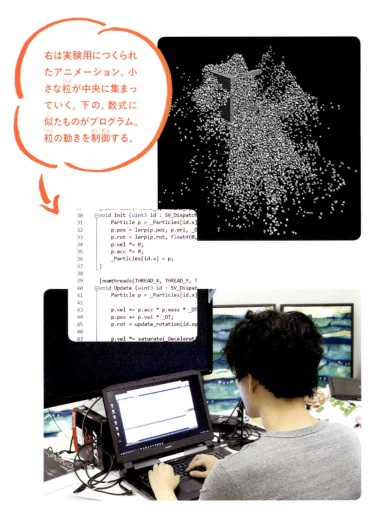

右は実験用につくられたアニメーション。小さな粒が中央に集まっていく。下の、数式に似たものがプログラム。粒の動きを制御する。

Q どんなところがやりがいなのですか?

今までアートというと、「鑑賞するもの」というイメージがあったと思います。でも、ただながめて鑑賞するだけじゃない、新しいアートをつくりだすことに、とてもやりがいを感じています。ぼくたちが手がけたアート作品の多くは、鑑賞者も作品に参加できるようになっています。例えば、鑑賞者がスマートフォンを操作して作品の映像を変化させることができたり、子どもたちが紙に描いた魚の絵が水槽の画面の中を本物のように泳ぎまわったり。こういった展示はプログラムなしにはできません。今までになかった新しいアートをつくりだすことが、本当に楽しいんです。

中村さんの1日

- 10:00 出社。午前中は情報収集をすることが多い。論文を読んだり、WEBサイトを見たりして勉強する
- 13:00 ランチ。とくに時間は決めていない
- 14:00 プログラムをつくる余裕があるときは、この時間も情報収集をする
- 20:00 退社。帰宅後は、インターネットやプログラムの新しい技術に関する論文を読んだり、趣味でソフトウェアの開発をしたりする

Q 仕事をする上で、大事にしていることは何ですか？

仕事を依頼してくれた企業から「こんな表現がしたい」と求められたとき、自分の技術不足で実現できないようではいけません。だから、つねに新しい技術を学んでいます。

プログラムの技術は日々進歩していて、最新の研究や論文がどんどん出てきます。ふだんから、なるべくそういったものには目を通すようにしています。

また、仕事で頼まれたことがむずかしいと感じても、すぐ断るのではなく、まずは「やってみます」と答えるようにしています。それが自分を成長させ、より高いレベルの仕事につながっていくんじゃないかと思うんです。

Q 仕事をする上で、むずかしいと感じる部分はどこですか？

プログラマーには、数学の知識を求められる場面がたくさんあります。ぼくは大学で文系の学部にいたので、やっぱり数学には苦労していますね。でも、仕事では、大学が文系か理系かは関係ないので、自分で勉強しています。

大学で数学をちゃんと学んだ人がうらやましいと思うこともももちろんあります。でも、文系出身でもすごいプログラマーはいっぱいいるんですよ。数学に限らず、結局は本人がどれだけ努力して仕事に活かしているかが重要です。

Q なぜこの仕事をめざしたのですか？

国際関係の学部に進んだので、大学2年生くらいまでは、卒業後は海外で仕事をしたいと思っていました。でも大学3年生のときに、授業で『CODE VERSION2.0』という本に出会って意識が変わりました。プログラムでコンピューターを動かすことで、社会に大きな影響をあたえられることがわかる本なんです。プログラムを学べば、社会を動かすおもしろい仕事ができるんじゃないかと思いました。

それから、自分でもプログラムをつくってみるようになり、一気にのめりこみましたね。理系の大学院に進んで、自分でソフトウェアの開発を始めました。

ハーバード大学のローレンス・レッシグ教授の『CODE VERSION2.0』。ネット社会における「規制」のあるべき姿についてまとめられた本。

中村さんが参加した『Story of the Forest』。高さ約15mの巨大なドーム内に幻想的な映像が映しだされる。観客がドームの中に入ると森が現れ、動物たちが動きだす。

CGアニメーターがつくった木や動物を、プログラムで動かす。「森が現れ、動物が動きだすプログラムは、ぼくがつくりました」

Q ふだんの生活で気をつけていることはありますか？

美術展や写真展などの展覧会にはなるべく足を運ぶようにしています。趣味もかねているんですけど、いい作品を観て、アートに対する感覚を養っておかないと、仕事のスピードが落ちたり、アイデアが出てこなかったりするんです。

それから、もともと大好きな映画やアニメ、マンガはよく観たり読んだりするようにしています。おもしろい作品に出会うと、とても刺激を受けますね。

ゲームもよく参考にしています。映像や、表現方法などで新しい技術がどんどん投入されていて、「どうなっているんだろう？」とおどろかされることが多いんです。

最近では、VR（バーチャル・リアリティ）の技術に興味をもっています。

Q これからどんな仕事をしていきたいですか？

ぼくがこれまでつくったものは、体験して楽しんでもらう、エンターテインメント性の高いものが多かったんです。そういう特別なものもいいんですけど、ふだんの生活がコンピューターを使うことでガラリと変わる、そんなものができないかと考えています。

それが今やっている作品の延長線上にあるのか、それとももっと新しい、別の技術が必要なのかはまだわかりません。

でも、それを実現するアイデアや技術がどこかに転がっているかもしれないので、しっかりとアンテナを張っていたいと思います。

PICKUP ITEM

・VRヘッドマウントディスプレイ・

VRの技術を使った作品をつくるときに用いるディスプレイ。視界いっぱいに広がる映像が、頭の動きに合わせて変化する。

ヘッドマウントディスプレイを装着して、新しい作品の構想を練っている中村さん。

プログラマーになるには……

プログラマーをめざす人の多くは、高校卒業後に大学やコンピューターの専門学校でプログラムについて学んだあと、IT系企業や、ゲーム会社に就職します。大学卒業後、大学院に進む人も少なくありません。実際には、未経験で就職し、会社でトレーニングを受けてプログラマーになる人も多くいます。プログラマーになるのに特別な資格は必要ありません。

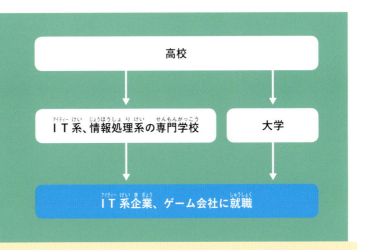

「ぼくは、家へ帰ったあともソフトウェアをつくっています。ものをつくるのが好きなんです」

Q プログラマーになるにはどんな力が必要ですか？

まずは、「ものをつくる」ことが好きであること。最初は影も形もない状態から、プログラマーがプログラムをつくることで、ゲームやアートが生まれていく。長い時間がかかるので、この作業が楽しくないと、向いていないでしょうね。

そして論理的に考えられる人が向いています。コンピューターは論理的につくられたプログラムでないと動きません。

Q 中学生のとき、どんな子どもでしたか？

中学時代は野球部に所属していました。でも野球が得意だったわけではなくて、ずっと補欠でした。

それよりもコンピューター・ゲームが大好きでした。ゲームによって、コンピューターは「プログラムで定められたことに基づいて、プレイヤーの操作に対して反応をする」ということが自然と理解できるようになったと思います。

好きだったゲームは『メタルギアソリッド』シリーズで、とくに2と3を中学時代によくプレイしました。重厚なストーリーと、アクションゲームとしてのおもしろさが魅力ですが、ゲーム空間内もおどろくほど細かいところまでつくりこまれていたので、ゲームの本筋とは関係ない、いろいろな遊び方をしていました。

マンガも好きでしたね。とくに好きだったのは『ベルセルク』と『スプリガン』という作品です。そのほかにも音楽が好きで、CDショップやレンタルショップによく行っていました。

そのころ好きだった作品たちは、今の作品づくりにも大きな影響をあたえています。中学生のころに、すばらしい作品に出会うことは大切ですね。

中村さんの夢ルート

小学校 ▶ マンガ家
絵を描くことが好きだった。

中学校・高校 ▶ 外交官
世界で活躍したいと考えていた。そのために英語を勉強した。しかし、それほどはっきりとした夢ではなかった。
▼
大学・大学院 ▶ 国際関係 → プログラマー
国際関係の学部に入ったが、あまり興味がわかず悩んでいたところ、大学3年生でプログラムに出会う。さらにプログラムを学ぶため、大学院に進学。

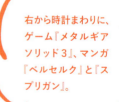

右から時計まわりに、ゲーム『メタルギアソリッド3』、マンガ『ベルセルク』と『スプリガン』。

Q 中学のときの職場体験は、どこに行きましたか？

職場体験は、寿司をつくる食品工場に行きました。早く仕事が終わりそうだなと思い、寿司工場を選んだのを覚えています。あまりいい理由ではありませんね。

寿司ができあがるまでの流れ作業のうち、一部を体験しました。作業のほとんどは機械化されていたので、ネタをシャリにのせるような、単純な作業が多かったです。

Q 職場体験では、どんな印象をもちましたか？

そのとき、「人間が行う流れ作業は近い将来なくなるな」と思いました。もうすでにほとんどの作業を機械でやっていましたし、人が行う流れ作業もそのうち機械化するだろうと思ったんです。

実際、どんどん世の中は機械化していますよね。車の自動運転とか、駅の自動改札とかもそうです。まだプログラムなんてまったく知らない時期でしたけど、そういうことは強く感じました。

また、そこで働いている人たちが、がまんしてやっているように見えて「自分は絶対にやりたいことをやろう」と思いましたね。おもしろいことを仕事にしたいと感じました。今は、やりがいのある仕事をさせてもらっていると思っています。

Q この仕事をめざすなら、今、何をすればいいですか？

まず、プログラムをつくってみることです。パソコンが1台あればできますから、簡単なものをつくってみましょう。

つくっていくうちに、「この知識が足りないな」と感じることがあれば、それを勉強していけばいいんです。ぼくだって、数学ができなくてもある程度ならプログラムをつくることができました。むずかしそうに見えて、意外にできちゃうものなんです。「あれが必要」「これを勉強しなくちゃ」と、プログラミングを始める前にハードルを上げすぎないでください。中学生でプログラムに興味をもつこと自体がすばらしいことですから、気軽な気持ちでチャレンジしてください。

ー 今できること ー

ふだんの暮らし
プログラムはあくまでコンピューターでソフトウェアやシステムなどをつくるための道具です。プログラムという道具を使って何を実現したいかを考えることがプログラマーとして重要です。

中村さんのようにアートの世界でプログラムを使うこともあれば、銀行のシステムや、インターネット通販のシステムでプログラムが使われることもあります。プログラムの技術だけでなく、社会のいろいろなことに興味をもつことが、よいプログラムをつくる秘訣になります。

数学
プログラムをつくるには、数学の知識が必要です。苦手意識をつくらないようにしっかり勉強しましょう。数学の論理的思考が、将来役に立ちます。

美術
アート作品やゲームをつくるプログラマーになるなら美術的な感性や表現力が必要です。美術の授業を通じて、多くのジャンルの作品に興味をもちましょう。

技術
工場の機械やロボットもプログラムで制御します。技術の授業はその入り口になります。

英語
インターネットや、プログラムの技術においては、最新の論文は英語で発表されます。それを理解するには英語力が必須です。単語力、読解力をみがきましょう。

File No.3

CGアニメーター

CG Animator

チームラボ
山口朋輝さん
入社5年目 28歳

> ぼくが描いた
> キャラクターに命が
> ふきこまれ、
> 動きだすんです

キャラクターが画面の中で動く、アニメーションをつくるのがアニメーターです。なかでもコンピューターでアニメーションをつくるのがCG※アニメーターです。CGとプログラムを組みあわせて新しい映像作品をつくる、チームラボの山口朋輝さんにお話をうかがいました。

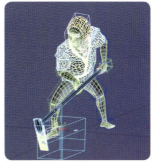
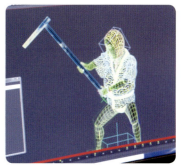

キャラクターを回転させたり角度を変えたりしながら、なめらかな動きをつけていく。

Q CGアニメーターとはどんな仕事ですか？

キャラクターや背景の、位置や動きなどの構成を考え、CGのアニメーションとして表現する仕事です。

ぼくは、パソコン上で立体的な絵をつくる「3DCG」の作品を手がけています。最初に、どんなキャラクターにするかを手描きでスケッチします。そのあとは専用のソフトに絵を取りこみ、平面の絵を立体的な3DCGにしていきます。3DCGでは、もととなるキャラクターをつくれば、パソコン上で動き方を調整してさまざまなポーズをとらせることができます。

チームラボでは、ぼくたちCGアニメーターがつくったキャラクターやその動きを、プログラマーがプログラムでまとめ、作品を完成させます。ふたつの技術が合わさることで、ぼくの描いたキャラクターに命がふきこまれ、動きだすんです。

山口さんの1日

- 08:30 出社。メールチェックをする
- 10:00 作業を開始
- 13:30 ランチ
- 14:30 作業内容によっては、ほかのアニメーターと共同で作業
- 16:00 プログラマーや、仕事の依頼者と打ち合わせ
- 19:00 退社。帰宅後、時間があればアニメーションの動画や絵を観て研究をすることもある

キャラクターをつくった『四季千年神田図 - 田染荘』。田んぼにいる人物の動きや景色はプログラム上で制御され、つねに新しい景色がつくられる。

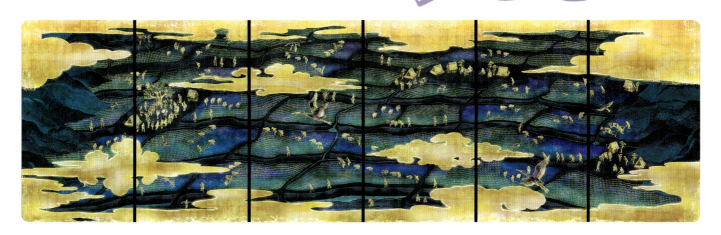

用語 ※CG ⇒ コンピューター・グラフィックスの略。コンピューターで描いた絵のこと。

Q どんなところがやりがいなのですか？

自分の考えたキャラクターが映像になって動くというのが楽しいし、やりがいです。最初は紙に描いた絵が、パソコン上で立体的な3DCGになり、さらにそれがアニメーションとなって動きだすと、わくわくするんです。できあがった作品を観た人が、おもしろいといってくれればとてもうれしいし、達成感が得られます。

小さいころから好きだった「絵を描く」ということで、人を喜ばせることができるのが、何よりのやりがいですね。

Q 仕事をする上で、大事にしていることは何ですか？

パソコンで作業することが多いCGアニメーターですが、仕事相手とのコミュニケーションをきちんととることも、よい仕事をするためには大切なことだと思っています。

ぼくらはプログラマーと共同で仕事をすることが多いのですが、それぞれにパソコンに向かって作業を進めていると、データのつくり方や作業の方向性がずれていってしまうこともあります。そのため、話し合いをする時間をつくって、相手の考えを理解しながら仕事することを意識しています。

不明点は早めになくしておかないと、仕事が進むにつれて大きな障害が出てきたり、場合によっては、それまでの作業が台無しになったりしてしまうこともあるからです。

「チームラボの作品は、観ている人が参加できるようなしかけがあるところが特徴だと思います」と山口さん。

Q なぜこの仕事をめざしたのですか？

小さいころから絵を描くことが好きで、中学生のときも、高校生のときも描きつづけていたので、絵に関わる仕事に就きたいと思っていました。

美術大学では、自分で考えたキャラクターを動かしてみたいという気持ちが強くなって、アニメーションを専攻しました。そのころは、手描きで1枚1枚、紙に絵を描いてパソコンに取りこみ、アニメーションをつくっていました。

就職活動中は、その手描きの作品を持っていろいろな会社をまわりました。チームラボはCGアニメーターを募集していたので、当時、CGアニメーションをつくったことがなかったぼくは、プロとして通用する自信がありませんでした。でも、面接で「君ならやっていける」と言ってもらえて心が決まりました。入社後に3DCGを学んで、CGアニメーターとしての技術を身につけたんですよ。

『teamLab Interactive Fishing party: Spin your "GURU GURU Fishing Reel"』という作品。スマートフォンを釣り竿のリールのように回し、魚を釣りあげるゲーム。山口さんは巨大な魚のキャラクターを担当。

『Digital Provence Theater by teamLab』。製品をテーブルに置くと、成分の植物の映像がテーブルに広がる。山口さんは植物の制作を担当。

Q ふだんの生活で気をつけていることはありますか?

ふだんから人の動きをよく観察するようにしています。例えば、歩き方ひとつとっても、子どもとお年寄り、男性と女性などで、いろいろなちがいがあるんです。それぞれの特徴をうまくとらえて、作品づくりに反映しています。

3DCGアニメーションでは、不自然な動きがあると、観る人が「これはCGなんだ」と意識してしまい、作品の世界に入りこむことができなくなってしまいます。ですから、ふつうのアニメーション以上に、小さな動きにも細心の注意をはらうことが必要なんです。

アニメーションをつくっていて、人物のポーズや動きがわからなくなると、自分で実際にその動きをしてみて確かめることもあります。

Q 仕事をする上で、むずかしいと感じる部分はどこですか?

仕事として求められていることを実現しつつ、自分らしさも出すことに苦心しています。

学生時代、ひとりで作品をつくっていたときは、何でも自分だけで自由に決められました。しかし、会社で作品をつくるとなると、そうはいきません。企業からの依頼内容や、会社で決まった方針に基づいて絵を描くので、自分らしさを見失いそうになりますが、気をつけています。

また、社会人になってから3DCGの技術を学びはじめたので、いまだにとまどうことがよくあります。下描きのときはよかったのに、3Dソフトの中では、自然な動きにならなかったり、別の角度から見ると、あまりいい絵ではなかったりして……。試行錯誤は続いています。

写真はペンタブレット。コンピューター用のペンと画板(タブレット)で、紙に描くような感覚で、パソコン上で絵が描ける。

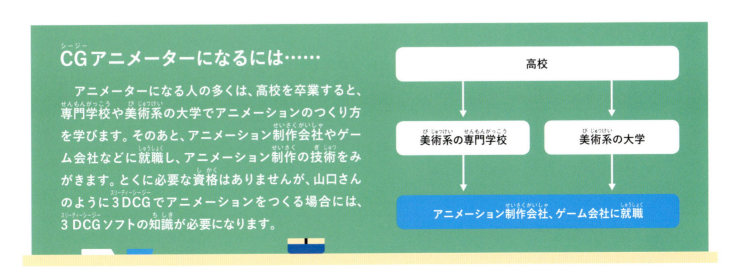

CGアニメーターになるには……

アニメーターになる人の多くは、高校を卒業すると、専門学校や美術系の大学でアニメーションのつくり方を学びます。そのあと、アニメーション制作会社やゲーム会社などに就職し、アニメーション制作の技術をみがきます。とくに必要な資格はありませんが、山口さんのように3DCGでアニメーションをつくる場合には、3DCGソフトの知識が必要になります。

高校 → 美術系の専門学校 / 美術系の大学 → アニメーション制作会社、ゲーム会社に就職

Q これからどんな仕事をしていきたいですか？

アニメーションづくりを始めたきっかけが「自分のキャラクターを動かしてみたい」と思ったことだったので、自分でゼロから考えたキャラクターが登場する作品を制作してみたいです。

手描きふうのキャラクターは、以前は３Dで表現することがむずかしかったのですが、最近の技術では、３DCGのアニメーションとして動かすこともできます。大学時代に制作していた手描きのアニメーションの経験や技術も活かして、オリジナルの作品をつくっていけたらと思います。

PICKUP ITEM 道具箱

道具箱には、下描きを描くときに使うえんぴつなどがぎっしり。えんぴつは、好みの使い心地になるよう１本１本カッターナイフでけずっている。

Q CGアニメーターになるにはどんな力が必要ですか？

CGで人の動きを自然に表現するには、からだがどう動くかを理解している必要があると思います。だから、スポーツの経験は活きると思いますね。からだを動かしたとき、力が加わる場所や重心を感覚的に理解しているわけですから。

また、CGアニメーターは、作品によっては３DCGをどの角度から見せるのかも決めることがあります。映画やゲームのカメラアングル、マンガのコマ割りなど、関心をもって見てみるといいのではないでしょうか。そうすると３DCGのカッコイイ見せ方が思いつくと思います。

仕事をする上で、忍耐力はとても大事です。限られた時間の中でよりよいものをつくるには、何度失敗してもまた挑戦する、根気強さが必要だからです。

Q 中学生のとき、どんな子どもでしたか？

中学校の剣道部で汗を流していました。今の雰囲気からは想像がつかないとよく言われるのですが、汗くさい防具を身につけて、大きな声で面を打っていたんですよ。当時は実感していなかったことですが、日々の積みかさねで、できなかったことがだんだんできるようになる感覚を、中学生のころに経験したことは大きいと感じます。

マンガやゲームも大好きでした。好きなキャラクターの形や線のタッチには、影響を受けていると思います。

山口さんの夢ルート

小学校 ▶ 絵を描く仕事
絵を描くことが好きだった。

▼

中学校・高校 ▶ イラストレーター
イラストレーターにあこがれつつ、まわりの絵のうまい人に劣等感を感じることも。

▼

大学 ▶ アニメーター
それまで知らなかった芸術的な「アートアニメーション」という分野に出会い、アニメーションの世界に興味をもつ。

中学時代の山口さんと、愛用していた防具（下）。剣道で汗を流すと、悩みがあっても、気持ちが軽くなった。

Q 中学校ではどんなキャリア教育が行われていましたか？

ぼくの通っていた中学校では、その当時は、今のように職場体験に行く本格的なキャリア教育は始まっていませんでした。ただ3年生になると、担任の先生からの進路指導があったので、将来について考えるきっかけになりました。

当時は意識していなかった将来や、仕事のことについて先生と話しているうちに、イラストレーターに興味をもつようになりました。それで、イラストレーターがどんな仕事なのか、本を読んで調べました。

Q 美術大学に進学したのはなぜですか？

高校3年生で進路に迷っていたとき、幼いころ、親に絵をほめてもらったのを思い出したんです。下手だったけれど、ずっと絵を描くのが好きだったんだなあと気づきました。それで、美術大学で絵をがんばろうかなと思ったのです。

それから、美大進学に向けて予備校で課題に取りくんでいるとき、講師の先生に「色彩構成がいいね」と言われたのも、記憶に残っています。ちょうど色の組み合わせにおもしろさを感じていたころだったので、うれしかったんです。このひと言がきっかけで、大学はグラフィックデザイン科を志望することにしました。

Q この仕事をめざすなら、今、何をすればいいですか？

「今、何をしたいのかわからない」という人もいるかもしれません。それはもしかしたら「まだやりたいことに出会ってない」からなのかもしれませんよ。少しでもおもしろいと感じたら、まずやってみることです。失敗も経験のうちですから。

ものごとをとらえる感性が、CGアニメーターには必要です。中学生という感受性の強い今だからこそ、自分の可能性をせばめず、いろいろなことに挑戦してみてください。

また、一見意味のなさそうなことも、続けていくうちに将来につながることがあります。ぼくは部活で剣道をやっていましたが、そこで身につけた動きや、努力する姿勢は今も役立っていると思います。

絵を描くことで人を喜ばせることができるのが何よりのやりがい

― 今できること ―

ふだんの暮らし

3DCGアニメーションをつくる仕事は、人や動物、物、風景などをあらゆる角度から描く必要があります。正面からだけでなく、横から、下から、上からなどいろいろな角度で描いてみましょう。

また、絵を3DCGアニメーションとして動かすには、ものの構造や動き方を知らなくてはいけません。ふだんからよくものを観察するくせをつけるとよいでしょう。

また、アニメやマンガを観たり読んだり、展覧会に行ったりすることも、感性をみがくのに役立ちます。

社会 歴史や地理を学ぶことは、作品の世界をより深く理解して、絵を描くことにつながります。

数学 物が落下したり、回転したりする動きを理解し、リアルなアニメーションをつくるためには、数学の基礎的な知識があると有利です。

美術 絵を描くことはもちろん、油絵や水彩画、墨絵、銅版画など、さまざまな表現方法を学べば、アニメーションの可能性を広げることができるでしょう。

英語 日本のアニメーションは世界に注目されているため、海外の人と仕事をする機会もあります。英語できちんとコミュニケーションを取れるようにしておきましょう。

File No.4

プランナー
Planner

面白法人カヤック
兼康希望さん
入社8年目 30歳

WEB上でユニークなイベントやキャンペーンを企画し、制作しているのが、面白法人カヤックです。そこで活躍中のプランナー兼康希望さんにお話をうかがいました。プランナーとはいったいどんな仕事なのでしょうか。

アイデアを武器に
何もないところから
大きなことを
やりとげる

Q プランナーとはどんな仕事ですか？

WEBサイトやスマートフォンを使ったイベントやキャンペーンのプラン（企画）を考える仕事です。

例えば、企業が新商品を世の中に広めたいとき、ただ商品を紹介するWEBサイトをつくるだけでは広がりません。そこで、企業から依頼を受け、ぼくらプランナーが、アイデアを練ります。

以前、飲料メーカーのサントリーから、同社が行っている全国の自然豊かな森を守る社会貢献のプロジェクトを多くの人に知ってもらう方法を考えてほしい、という依頼を受けました。

そこで、「人類以外採用　職場は森です。」という企業の採用情報ふうのWEBサイトをつくりました。ちょうど学生が就職活動をする時期だったことにヒントを得て、森を会社に、植物や動物を社員に見たてたんです。このサイトは大評判になり、多くの人にこの活動を知ってもらえました。

立派な活動でも、ただふつうに紹介するだけでは、興味をもってもらえません。ユーモアたっぷりに伝えたので、興味をもってもらえたんです。

ノートパソコンにすべての情報が入っていて、どこでも仕事ができる。

兼康さんが手がけたサントリーのWEBサイト。「第3回 Web グランプリ 企業グランプリ部門 企業BtoCサイト賞」のグランプリを受賞。

Q どんなところがやりがいなのですか？

みんなの力がひとつになって仕事を成功させたときの達成感がやりがいになりますね。

ぼくたちプランナーの役割は、アイデアを考えることです。アイデアが固まったら、WEBデザイナーやプログラマーとチームを組み、意図にそったWEBサイトやスマートフォンのアプリを実際につくってもらいます。彼らの力を借りて、自分が考えたアイデアが少しずつ形になっていくんです。何度も自分の意図を説明し、時間をかけてつくるので、できたときはチームのみんなで喜びを分かちあいます。

プランナーは、アイデアを武器にたくさんの人を動かし、何もないところから、大きなことをやりとげる仕事なんですよ。

兼康さんの1日

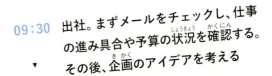

- 09:30　出社。まずメールをチェックし、仕事の進み具合や予算の状況を確認する。その後、企画のアイデアを考える
- 11:00　社内で打ち合わせ
- 13:30　ランチ。気分転換のためにお店に食べに行くことが多い
- 18:00　依頼主の企業との打ち合わせ
- 20:30　退社

• ノートパソコンとスマートフォンとボールペン •

PICKUP ITEM

ノートパソコンとスマートフォンがあれば、いつでもどこでも仕事ができる。書いても消すことができるボールペンはアイデアを練るときに重宝している。

Q 仕事をする上で、大事にしていることは何ですか？

5〜10人ほどのチームで仕事をするので、チームワークが大切です。「よいものをつくる」という目的は同じでも、立場によって意見がちがうこともあります。そんなときは「上手にケンカする」ことが大事です。早い段階で意見をぶつけあうと、意外とわだかまりなく、おたがいの考えがわかります。すると、めざす方向が自然とひとつになるんです。

Q なぜこの仕事をめざしたのですか？

大学に入学した直後に、所属したサークルのWEBサイトをつくったのが、この仕事に興味をもったきっかけでした。先輩とふたりで参考書とにらめっこしながら、必修の授業の時間以外はWEBサイトづくりに打ちこんで、わずか8日間で完成させました。このとき、WEBサイトづくりに必要なソフトやプログラムを学んだんです。

今の会社に入社したのは、おもしろいことにたくさん取りくんでいるからです。給料がさいころの目によって変わるとか、住居兼オフィスを一定期間つくって合宿しながら「24時間働いて24時間遊ぶ」を実践したりとか。働くことを楽しめるところに魅力を感じました。WEBデザイナーとして入社しましたが、途中で自分がより好きなのは「アイデアを考えること」だと気づき、3年目にプランナーへ転向しました。

用語 ※ AI ⇒ Artificial Intelligence（人工知能）の略。
人間のように学習し、学習したことをもとに推測・判断のできるコンピューターシステムのこと。

Q 今までにどんな仕事をしましたか？

プランナーとして働くようになってから、歌手の新曲のスペシャルサイトで遊べるオリジナルRPGや、ホラー映画の宣伝用アプリの開発などをしてきました。

最近では、マイクロソフト社が開発したAI※（人工知能）の「りんな」とテレビドラマ『世にも奇妙な物語』とのコラボレーションプロジェクトに参加しました。

りんなは、女子高生という設定のAIです。りんなが『世にも奇妙な物語』に出演することになり、その話題づくりとして、WEBサイトをつくりました。このサイトは、スマートフォンやパソコンで見られるのですが、見ている人が一瞬、スマートフォンやパソコンが「りんなにのっとられた!?」と思ってしまうような、少しこわいしかけがしてあります。

兼康さんが手がけた『りんなの女優デビューブログ』。AIがドラマに出演するのは異例で、新聞などのメディアで取りあげられた。

Q 仕事をする上で、むずかしいと感じる部分はどこですか？

毎回、成功することを求められる仕事だということです。
企業は、「絶対おもしろいものをつくってくれる」と期待して、うちの会社に仕事を依頼してきます。もちろんその思いに応えるのがぼくたちの仕事ですが、野球でいえば、全打席でホームランを求められているようなものです。

気をぬけるような仕事はひとつもありません。これは、とても大きなプレッシャーになっています。

Q ふだんの生活で気をつけていることはありますか？

しっかり気分転換をすることですね。平日がどんなにいそがしくても、週末にはちゃんと2日間休み、趣味に没頭して、リフレッシュすることにしています。

ぼくはわりと多趣味なんですよ。映画を観にいったり、キャンプに行ったり。家の中でも、植物を育てたり、料理をしたりと、いろいろな趣味をもつようにしています。最近は、気の合う友だちを家に招いてホームパーティをするのが、週末の楽しみです。

新しいことをやってみて自分の世界を広げていくことが好きなんです。新しいことに挑戦すると、必ず学びがありますよ。そのときに自分が成長していると実感できるんです。

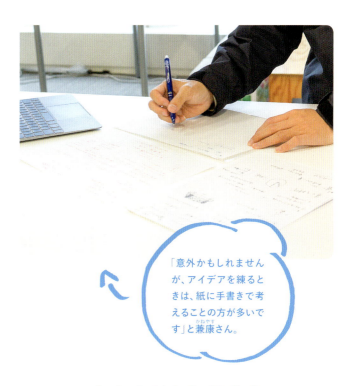

「意外かもしれませんが、アイデアを練るときは、紙に手書きで考えることの方が多いです」と兼康さん。

「WEBで情報収集をすることが多いですが、より正確な情報がほしい場合、雑誌や書籍なども読みます」

Q これからどんな仕事をしていきたいですか？

これからも、自分のアイデアで世の中をおもしろくするような仕事をしていきたいです。

現在は、WEBの技術だけでなく、世の中がものすごいスピードで変化する時代です。その流れにのりおくれることなく、どんな世の中になっても、それをおもしろくしていきたいですね。

それから、具体的に「こんな仕事」というのがあるわけではありませんが、会社の垣根をこえて、関わった人すべてが一体感をもって満足できるような仕事ができるといいな、というのはいつも考えています。

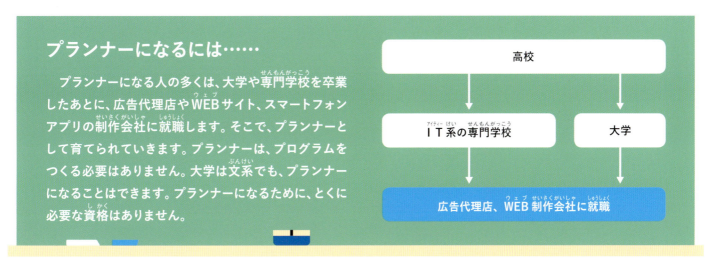

プランナーになるには……

プランナーになる人の多くは、大学や専門学校を卒業したあとに、広告代理店やWEBサイト、スマートフォンアプリの制作会社に就職します。そこで、プランナーとして育てられていきます。プランナーは、プログラムをつくる必要はありません。大学は文系でも、プランナーになることはできます。プランナーになるために、とくに必要な資格はありません。

高校 → IT系の専門学校 / 大学 → 広告代理店、WEB制作会社に就職

Q プランナーになるには どんな力が必要ですか？

チームで仕事をするので、メンバーの能力を見極める力が必要です。

ぼくはメンバーをまとめる立場なので、ひとりひとりの才能や可能性を見極め、適材適所に仕事をふりわけなくてはいけません。じつはぼくは、子どものころからチームで何かをやるという経験をあまりしてきませんでした。だからチームで仕事をするのはあまり得意でなく、今も日々勉強中です。

パソコンの技術や知識は仕事をしていけば自然に覚えられることですから、心配しなくても大丈夫です。

仕事の休憩時間にリラックスする兼康さん。会社のメンバーはみんな仲がよく、休憩中は会話がたえない。

打ち合わせはプランナーにとって大事な仕事。ほかのプランナーやWEBデザイナーと意見を交わす。

Q 中学生のとき、どんな子どもでしたか？

部活に夢中な中学生でしたね。陸上部で、おもに短距離走をやっていました。とくに100m走には絶大な自信をもっていましたね。ここぞというときの瞬発力や集中力はこのころに身につけたのかもしれません。

それから、まわりで釣りがブームだったのと、自然が好きだったので、ブラックバス釣りにハマっていました。5歳上の兄に道具をもらったりコツを教えてもらったりしながら、自転車で近くの池に行って釣っていました。魚とのかけひきを楽しむ感覚が好きでしたね。

また、パソコンもクラスでいちばん得意でした。パソコンは家にもあったのですが、ふだん、会社でパソコンを使っている父よりも使いこなせている気がして、これだけパソコンの技術が高いんだから、サラリーマンになったら出世できるのでは？　と勝手に思っていました。

兼康さんの夢ルート

小学校 ▶ 考古学者
遺跡を発掘するということにロマンを感じた。

中学～高校 ▶ サラリーマン
パソコンの技術を活かし、サラリーマンになれば、出世できるような気がした。

大学 ▶ WEBデザイナー
サークルのWEBサイトをつくったのがきっかけで、WEBサイトをつくる仕事に興味をもった。

100mの選手だった中学3年生の兼康さん。「小中学校を通じて、学校でいちばん速かったんですよ」

Q 中学のときの職場体験は、どこに行きましたか？

近くの保育園に1日職場体験に行きました。

ぼくには6歳年下の弟がいて、小さいころから面倒を見たり、いっしょに遊んだりしていました。だから、小さい子は好きだったし、遊んであげるのも上手にできるんじゃないかと。子どもたちとのんびり遊ぶだけなら楽そうだという理由で保育園を選んだのです。

Q 職場体験では、どんな印象をもちましたか？

たった1日でも、仕事の大変さや責任の重さを痛感しました。初対面の子どもたちだし、けがをさせてはいけないし、家で弟と遊ぶのとはまったく勝手がちがいました。大勢の子どもたちがぼくのそばで遊びはじめた直後から、「責任」という2文字が頭から離れなくなりました。しかも、どの子にも平等に接しなければいけません。

さらに、けんかの仲裁、お昼寝をさせる、給食を食べさせる、汚れ物の始末、連絡帳を書く……など、子どもと楽しく遊ぶ以外にも、大変な仕事がたくさんありました。外からは楽しそうに見える仕事も、実際はさまざまな苦労があると知りました。生身の人を相手にする責任の重さを感じ、プロとして働いている人への見る目が変わった経験でした。

Q この仕事をめざすなら、今、何をすればいいですか？

比較的時間のある中学時代だからこそ、「おもしろいと思うことはやりつくしてやる！」くらいの気持ちで何にでも挑戦してみてください。

どんなことでも、おもしろそうだと思ったらまずはやってみる。実際に体験したことは大きな財産になります。感性の豊かな中学生のうちにさまざまな経験をしてほしいです。

いろいろな経験があれば、人の気持ちがわかるようになりますし、自分の世界も広がります。たくさんの引き出しをもった人になれれば、それはどんな仕事に就いたとしても活きてくるし、武器になると思います。

野球でいえば全打席でホームランを求められるような仕事それがプランナー

― 今できること ―

ふだんの暮らし

プランナーの仕事で大切なのは、発想力です。文化祭などの行事には積極的に参加し、自分のアイデアを出しましょう。そして、そのアイデアのよさを自分の言葉で説明できるようにしてください。まわりの人に理解してもらう説得力が必要です。

世の中で何が求められているかをキャッチするために、日ごろからCMやインターネット、雑誌など身のまわりの情報に注目してください。新聞やテレビのニュースなどにふれる習慣も身につけておきましょう。

 国語 アイデアを出すにも、魅力的な宣伝文句をつくるにも、豊かな語彙力が必要です。読書をしましょう。

 社会 世の中の動きを知るためには、政治、経済、歴史、地理などの基礎的な知識が必要です。世の中の変化に合わせて、プランナーは企画を考えていきます。

 数学 プランナーになると、予算や経費などお金の管理をするようになります。細かい計算が苦にならないように、数学の基礎を身につけましょう。

 美術 WEB関係の仕事をするのなら、デザインのセンスがあるにこしたことはありません。色彩感覚などをみがいておきましょう。

File No.5

WEBデザイナー
WEB Designer

キノトロープ
飯嶋絵理奈さん
入社3年目 24歳

人の心を動かす
WEBサイトを
つくりたいんです

一度見たら忘れられなかったり、何度も訪れたくなったり……。WEBサイトは、デザインしだいで印象が大きく変わります。そんな、WEBサイトをデザインしているのがWEBデザイナーの飯嶋絵理奈さんです。

Q WEBデザイナーとはどんな仕事ですか?

みなさんもパソコンやスマートフォンでWEBサイトを見ますよね。そのWEBサイトをデザインするのがわたしたちWEBデザイナーの仕事です。

多くの場合は、企業から依頼があって、WEBサイトをつくります。まずは企業の人と打ち合わせをして、だれに何を伝えたいか、どんな商品を売りたいかなどをよく聞きます。

その次に、WEBサイト全体の構成や、それぞれのページの内容が決まったら、使用する色や文字を決めたり、イラストや写真を入れたりしてデザインを進めます。WEBサイトの見た目のすべてを考えるのがWEBデザイナーの仕事です。

スマートフォンのSNS※アプリの制作で、企業と話しあった内容をメモした紙。アイコンの場所など、細部まで企業へ提案して決める。

アプリに入れるアイコンを、パソコンでつくっているところ。小さな画面の中でも目立ち、役割がはっきりわかるようデザインする。

完成したアプリの、写真を撮る画面。見た目の美しさに加え、操作のしやすさも重要。文字やアイコン、写真がバランスよくならぶ。

Q どんなところがやりがいなのですか?

完成したWEBサイトを見て、依頼してくれた企業のみなさんが喜んでくれたときや、WEBサイトが公開されて、たくさんの人が見てくれたときには達成感がありますね。「やった!」と言いたくなります。

WEBサイトは、どのぐらいの人が見たか、また、見た人がどんな商品やサービスを利用したかが数字ではっきりわかるので、そういったデータはいつも気にかけています。

Q 仕事をする上で、大事にしていることは何ですか?

インターネット上でWEBサイトをデザインをするための技術は、日々新しいものが登場しています。最前線では、どんな技術が使われているのか、つねに情報収集することが必要です。また、デザインがいいと評判になったWEBサイトを見て、どこが優れているのかを確かめることも大切です。必ず参考になるところがあります。

WEBサイトだけでなく、雑誌やポスター、広告など、身のまわりにあるものもよく見ています。すべてがデザインの勉強になり、デザインのはばが広がっていきます。

飯嶋さんの1日

10:00	出社。まずメールをチェックし、その日の作業内容などを確認
11:00	社内全体で打ち合わせ
11:15	デザイン作業、資料の準備
13:00	ランチ
14:00	依頼を受けた企業との打ち合わせ
15:00	ディレクターへ状況の報告
15:10	デザイン作業
18:00	連絡事項の確認、スケジュール調整など
19:00	退社

用語 ※ SNS ⇒ ソーシャル・ネットワーキング・サービスの略。インターネット上で、人と人とが写真や文章などの情報をやりとりする。代表的なサービスに、Instagram、Twitter、LINE、TikTok がある。

Q なぜこの仕事をめざしたのですか？

イラストレーターをめざした時期もありましたが、就職活動で、印刷業や本のデザインなど、専門学校で学んだグラフィックデザイン※の技術を活かせそうな仕事を見てまわるうち、WEBデザイナーに心ひかれるようになりました。

WEBは、見た人の反応がダイレクトに制作者に返ってきます。意見や感想がメールで送られてくることもありますし、ショッピングサイトなら、売れ行きの変化からサイトを見た人の反応が感じられます。つくって終わりではなく、見た人とのやりとりが新たに生まれる。それがWEBの魅力です。

そんな、人の心を動かせるWEBサイトをつくりたいと思ったのが、今の仕事をめざすきっかけでした。

Q 今までにどんな仕事をしてきましたか？

1年目はWEBサイトを制作するにあたって全体の流れを知るために、制作工程を管理するディレクターの仕事をしました。そこで、人に指示を出すことのむずかしさや、社会人としてのマナーを学びました。

それから、異動の希望を出し、2年目でWEBデザイナーになることができました。これまでに、病院、転職サイト、ホテルなどのWEBサイトを担当しています。

ホテルのWEBサイトをつくったときは、水彩画の館内図を自分で描いたところ、すてきな雰囲気のデザインだとホテルの方に喜んでもらえました。

Q 職場では、ひとりで仕事をしているのですか？

ひとりで仕事をするわけではありません。うちの会社は、基本的にチームで仕事をします。

チームは、全体の方向性を決めて、予算や日程を管理する司令塔役のディレクター、プログラムをつくるプログラマー、わたしたちWEBデザイナー、デザインとプログラムを組みあわせて、WEBサイトをつくりあげていくコーダーという4つの役割に分かれます。

規模が小さいWEBサイトをつくるときは5～6人、大きな規模なら20人くらいでチームを組みます。それぞれ重要な役割を担っているので、チームプレーが大切なんです。

上はLINEスタンプを制作したときの下描き。WEBの仕事も、最初は紙にえんぴつで絵を描くことから始まる。右は完成したスタンプ。

Q 仕事をする上で、むずかしいと感じる部分はどこですか？

わたしがいちばん大変だと感じるのは、時間の管理です。ディレクターから指示を受けた仕事が、実際に作業に入ってみたら、予想以上に大変で時間との戦いになったり、しめきり間近で必要なデータが足りないことがわかってあわてて手配しなおしたりということもあります。画像の色を調整しなければいけないとわかり、作業を始めたら、画像が実は1000枚以上あったこともありました。

最初に打ち合わせをして、しっかりと確認をしているのですが、それでも思わぬアクシデントは起こってしまうもので、改めてスケジュールを組みなおさなくてはいけません。

職場の仲間どうしで、こまめにおたがいの状況を把握し、助けあう。コミュニケーションが欠かせない。

用語 ※グラフィックデザイン⇒雑誌や書籍、広告や看板、WEBサイトなど、平面上に行うデザインのこと。

- WEBサイト制作の教科書
- 色えんぴつ
- メモ帳

PICKUP ITEM

デザインのアイデアを書きとめるメモ帳、キノトロープで出しているWEBサイト制作の教科書、ラフスケッチをするとき使う色えんぴつ。

Q これからどんな仕事をしていきたいですか？

今は、どんどん経験を積みたいので、どんな仕事にも挑戦したいと思っています。でも、仕事をするときの姿勢については、心がけたいと思っていることがあります。

それは、制作したWEBサイトについて、何を考え、どう工夫したかを、担当デザイナーとしてしっかり言葉にできるようになりたいということです。例えば、わたしのデザインで、WEBサイトの印象や機能性はどう変化するのかなど、依頼してくれた企業に正確に伝えられるようにしたいです。

わたしは、デザインの力で、見る人や企業に、本当に利益をもたらすWEBサイトがつくれると信じています。WEBデザインの役割は、とても大きいんです。

Q ふだんの生活で気をつけていることはありますか？

仕事と自分の時間とをしっかり区別することを心がけています。

仕事が早く終わったときや、お休みの日には、映画を観にいったり友だちと買い物に行ったりして、リフレッシュするようにしています。また、毎日のお昼休みも、仕事のことはいったん忘れるようにしています。

お昼休みは気の合う同僚とおしゃべりしたり、近くにランチを食べに行ったりと、リラックスして過ごす。

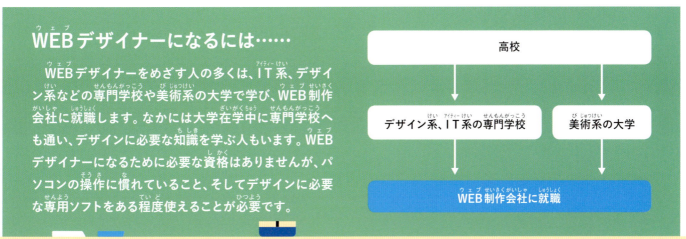

WEBデザイナーになるには……

WEBデザイナーをめざす人の多くは、IT系、デザイン系などの専門学校や美術系の大学で学び、WEB制作会社に就職します。なかには大学在学中に専門学校へも通い、デザインに必要な知識を学ぶ人もいます。WEBデザイナーになるために必要な資格はありませんが、パソコンの操作に慣れていること、そしてデザインに必要な専用ソフトをある程度使えることが必要です。

高校 → デザイン系、IT系の専門学校 / 美術系の大学 → WEB制作会社に就職

中学時代の飯嶋さんが模写大会で描いた諏訪大社の絵。絵画コンクールで見事、入選した。

Q WEBデザイナーになるにはどんな力が必要ですか？

パソコンを上手に操作する技術が必要だと思われがちですが、わたし自身、デザインをするためのソフトを使うようになったのは専門学校に入ってからです。パソコンの技術はあとからついてきますので、心配はいりません。

むしろ、この仕事で大切なのは、相手の求めているものを理解する「くみとる力」と、それを他人にわかるようデザインし、形にする「表現力」だと感じています。

また、チームで仕事をするので、コミュニケーション能力も大切です。企業からの要望を、いっしょに仕事をするスタッフに正しく伝えられないと、求められていることを実現できません。言葉で表現する力も必要なのです。

飯嶋さんの夢ルート

- **小学校 ▶ スピードスケートの選手**
  地元のスケートクラブに所属していた。きびしい練習に耐え、小学4年生のときには県大会で優勝。

- **中学校・高校 ▶ イラストレーター**
  中学のときに美術部に入り、絵を描く楽しさにめざめた。イラストレーターのカナヘイさんにあこがれていた。

- **専門学校 ▶ WEBデザイナー**
  イラストレーターをめざしていたが、就職活動中にWEBデザイナーに夢が変わっていった。

Q 中学生のとき、どんな子どもでしたか？

高校までは長野県で暮らしていました。小学1年生のときに地元でも有名な選手を輩出しているスケートクラブに入り、スピードスケートの選手をめざしていました。とにかく負けずぎらいな子どもでしたね。どうしても勝てないライバルがいたのですが、その子に勝ちたい一心で努力を続け、小学4年生のときに県大会で優勝しました。

中学では美術部に入り、絵を描くことに熱中しました。ここでも、部の中のだれよりもうまく描きたいと思って、努力していたのを覚えています。そのかいあって、模写大会で地元の諏訪大社を描いた作品が絵画コンクールで入選し、努力は報われるのだということを感じました。

高校では、文化祭の実行委員になり、みんなでつくる巨大壁画の原画を描きました。

スケートリンクで笑顔の飯嶋さん。スピードスケートをやめても、アイススケートは身近なスポーツだった。

Q 専門学校はどうやって選んだのですか？

高校を卒業すると同時に、長野から東京に出てきて、美術系の専門学校に入りました。ずっと絵を描くのが好きだったので、美術系の学校に進学したかったのです。

専門学校では、グラフィックデザイン科を専攻しました。デザインに関する知識や技術のほかに、PhotoshopやIllustratorというソフトの使い方も学びました。これはパソコン上でイラストを描いたり、デザインをしたりするためのソフトで、今の仕事に欠かせません。

Q 中学のときの職場体験は、どこに行きましたか？

地元の長野県には「テンホウ」というラーメンのチェーン店があるのですが、そこで使う野菜や麺を提供する食品工場で職場体験をしました。テンホウはなじみのあるお店でしたが、工場の中に入るのは初めてのことで、とても緊張したのを覚えています。

工場の中でいろいろな作業をやらせてもらったのですが、いちばん印象に残っているのは玉ネギをきざむ仕事です。機械ではなく、包丁で切らなければならなかったので、1個をきざむだけでも目が痛くなって、大変でした。

Q この仕事をめざすなら、今、何をすればいいですか？

目の前にあるものに一生懸命に取りくんでください。

はなやかに思えるかもしれないWEBデザイナーの仕事ですが、実際は気の遠くなるような細かい作業の積みかさねです。地道な作業でもコツコツとやりとげる、集中力や忍耐力が必要ですね。

わたしはそれをきびしかったスピードスケートの練習や、美術部での努力によって身につけました。

将来の仕事を中学時代に意識するのはむずかしいですが、部活などで経験したことが意外と役立ったりするんですよ。

Q 職場体験では、どんな印象をもちましたか？

実際にやってみるまで、じつは食品工場の仕事にはほとんど興味はありませんでした。でも職場体験に行ってみて、日ごろ何気なく食べているラーメンが、わたしたちの口に入るまでには本当にたくさんの人が関わっていることを知りました。また働く人たちが真摯に仕事に向きあっている姿も印象的でした。それまでは、好ききらいをして、食べ物を残してしまうこともあったのですが、この経験をしてからは、感謝の気持ちで残さず食べるようになりました。

デザインの力で見る人や企業に本当に利益をもたらすWEBサイトがつくれるんです

ー 今できること ー

ふだんの暮らし
いろいろなことに興味をもってください。世の中の商品のほとんどに、デザイナーがつくったパッケージがついています。このお菓子はなぜおいしそうに見えるのか？ この本はなぜ読んでみたくなるのか？ など、ただ商品を買うだけでなく、デザイナーがどんな意図でつくっているのかを気にしながら見てください。

WEBサイトもたくさん見てみましょう。日々新しいデザインのWEBサイトが誕生しています。海外のWEBサイトには、よいデザインのものが多くあります。

国語
WEBデザイナーにとって、コミュニケーション能力は重要です。自分の考えをきちんと伝えるために、語彙を増やすようにしましょう。

社会
依頼主の企業がどんな仕事をしているか理解しないと、いいデザインはできません。社会科の授業はもちろん、ふだんから新聞などをよく読んで政治や経済など社会的なことも知っておくことが大切です。

美術
平面だけでなく、立体のデザインの基礎や、美術作品の鑑賞方法を学ぶことができます。また、自分で何かつくるときは、制作意図を考えてから取りくみましょう。美術の時間で学ぶことのすべてが、将来に役立ちます。

File No.6

サウンドクリエーター
Sound Creator

MONACA
高橋邦幸さん
入社4年目 29歳

音楽が、物語の理解をより深くするのです

アニメやゲームで流れる音楽をつくっているのが、サウンドクリエーターです。人気のアニメやゲーム作品に、たくさんの音楽を提供しているサウンドクリエーターの集団、MONACAに所属する、高橋邦幸さんにお話をうかがいました。

Q サウンドクリエーターとはどんな仕事ですか？

アニメやゲームで流れる音楽をつくる仕事です。主題歌はもちろん、作品中に流れる音楽はすべてサウンドクリエーターがつくっています。ひとりで全曲をつくる場合もあれば、会社の仲間と分担してつくる場合もあります。

曲をつくる前に、アニメやゲームのディレクターやプロデューサーと打ち合わせをして、どんな作品なのか、何曲必要なのか、どんなシーンで使うのかなどを確認します。

打ち合わせが終わったら、ぼくの場合は自宅でパソコンのPro Toolsというソフトで作曲します。曲ができたら、レコーディング（録音）です。ミュージシャンを呼んで演奏してもらいます。レコーディングもPro Toolsを使って行います。録音したら、最後に細かい調整をして曲をしあげます。

パソコン上で音を打ちこんだり、パソコンにつないだ楽器を弾いたりして曲をつくっていく。

高橋さん愛用のトロンボーン。レコーディングで、高橋さん自らトロンボーンを演奏することもある。

Q どんなところがやりがいなのですか？

音楽には物語の理解をより深くする力があるんです。

登場人物の感情や、シーンの情景に合わせて音楽を流せば、ハラハラさせることも、こわがらせることも、楽しませることも、より効果的にできるのです。

だから、その曲が作品の中でどんな意味をもつのか、よく考えて作曲します。ぼくのねらいが当たって、アニメを観てくれた人や、ゲームをプレイしてくれた人がそのシーンがよかったと言ってくれると、本当にうれしくて、やりがいになります。

Q 仕事をする上で、大事にしていることは何ですか？

自分の得意分野をつくることです。

ぼくは個人のサウンドクリエーターではなく、会社に所属しています。だから、ひとつの作品に対して、複数のサウンドクリエーターで分担し、たくさんの曲をつくることが多いのです。作品の中には、楽しい場面もあれば、悲しい場面もあります。そこで、サウンドクリエーターがそれぞれの得意分野を担当すれば、自然とよい曲がそろいます。

だからサウンドクリエーターとしての得意分野をもつことが必要なんです。強い個性をもったサウンドクリエーターが力を合わせ、持ち味を活かす分担を考えれば、参加したアニメやゲームの作品性を高められると思うんです。

高橋さんの1日

- 11:00 　8時に起きて、朝食や家事をすませ、11時に仕事開始
  　　　　行きづまってしまったときは、からだを動かす
- 18:30 　夕食。食事のあとふたたび作業
- 21:00 　ある程度きりのよいところで仕事終了
  　　　　ほかの作家の作品を鑑賞するなどして過ごす

Q なぜこの仕事をめざしたのですか？

中学校では吹奏楽部に入っていて、顧問の先生の影響で、ずっと音楽の先生をめざしていました。でも、大学4年生のときにMONACAの人が曲をつくった『涼宮ハルヒの憂鬱』というアニメ作品に出会ったのがきっかけで、パソコンを使って作曲するサウンドクリエーターという仕事を知りました。それから、独学でパソコンで作曲するようになったんです。MONACAには大学生のときからあこがれていましたが、大学を卒業するころ、地元のCMの音楽をつくる会社で募集があったので、そこに就職しました。

数年間、その会社で仕事をしました。それから、改めてMONACAに応募して、入社することができたんです。

Q 今までにどんな仕事をしましたか？

前の会社では、CMの曲をたくさんつくっていました。15秒から長くても1分くらいの曲です。CMはごく短い時間で、視聴者に強い印象を残さなくてはいけません。むずかしい仕事ですが、とても勉強になりました。

MONACAに入ってからは、アニメでは『アイカツ！』、『灼熱の卓球娘』、『モンスターストライク』の曲をつくりました。そのほかにも、ゲームでは『DRAG-ON DRAGOON3』や『NieR:Automata』、テレビドラマでは『マネーの天使〜あなたのお金、取り戻します！〜』という作品の音楽を制作しました。はば広いジャンルの作品に関わることができて、とてもうれしいです。

『アイカツ！』の挿入歌「恋するみたいなキャラメリゼ」などのトロンボーンは、高橋さんが演奏も担当した。

高橋さんが音楽を担当した、アニメとゲームソフトの作品たち。

Q 仕事をする上で、むずかしいと感じる部分はどこですか？

アニメやゲームのディレクターなど関係者の人から、「まだまだ若い」という目で見られることですね。この業界はぼくが子どものころから活躍している大ベテランの人も多い世界ですから、仕方ありません。どうしたら相手との信頼関係を築けるか、とても考えます。

そんなときぼくは、自分から積極的にコミュニケーションを取ることを心がけています。仕事に限ったことではありませんが、「この人、ぼくのこときらいなのかも」と感じる相手にこそ、勇気を出してなるべく自分から話しかけます。時間がたてばたつほど、その人との間にある心の壁は高くなって、こえられなくなりますから。

尊敬するアメリカのジャズ作曲家、サミー・ネスティコ。仕事が行きづまると、この写真を見てやる気をもらう。

Q これからどんな仕事をしていきたいですか？

もともとぼくが音楽に興味をもつようになったきっかけは、ゲームの『ファイナルファンタジー』シリーズや、映画『インデペンデンス・デイ』の音楽でした。

昔のぼくと同じように、アニメを観る人やゲームをプレイする人にいいなと思ってもらえるような曲をつくりたいですね。

アニメなら部活動や青春ドラマのような作品の曲をつくりたいです。ぼくには、「ドラマっぽい曲が向いている」とMONACAの人によく言われるんですよ。

Q ふだんの生活で気をつけていることはありますか？

サウンドクリエーターは、夜おそくまで働いて、朝はゆっくり起きる「夜型」の生活になってしまう人が多いです。でも、ぼくは健康のことを考えて、できるだけ日中に仕事をして、夜はしっかり眠るようにしています。

体調管理にも人一倍気をつかっています。体調が悪いと全然仕事になりませんから。文字通り「からだが資本」の仕事だと思いますね。

ぼくはけっこう太りやすい体質なので、外食をひかえ、できるだけ自炊することも意識しています。

仕事で行きづまったときには、近所を自転車でめぐるなど、からだを動かすことも心がけています。

・イヤー・スピーカー・

・専用アンプ・

PICKUP ITEM

愛用のイヤー・スピーカー。「これで音を確認しながら作曲をします。音がすごくよいのです。端子もこのアンプにしかささらなくてかさばるのですが、手放せません」。

サウンドクリエーターになるには……

サウンドクリエーターをめざす人の多くは、高校卒業後に音楽系の専門学校で学んだあと、音楽制作会社に就職したり、活躍中のサウンドクリエーターに弟子入りをしたりします。もちろん、大学で音楽を学ぶ人もたくさんいます。サウンドクリエーターになるためにとくに必要な資格はありませんが、学生時代に作曲する経験を積んでおくとよいでしょう。

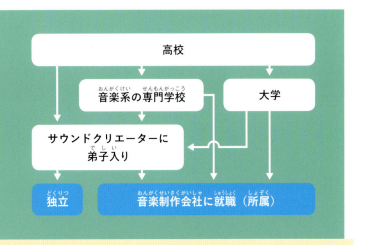

中学時代に両親にねだって買ってもらったCDラジカセ。今も、仕事で曲を確認するときに使う。

Q サウンドクリエーターになるにはどんな力が必要ですか？

作曲をするときは基本的にひとりです。だれかが助けてくれるわけではありません。大変でも途中で投げださない強い意志や忍耐力、そして孤独に耐えられる力が必要です。

あとは、ピアノかギターが弾けるといいですね。とくにギターは持ちあるけて、どこでも弾けて、和音の知識も身につくのでおすすめです。と言いつつ、じつはぼくはどちらも弾けないのですが。

アニメやゲームのディレクターなど、外部の人との打ち合わせの機会は多いです。相手がどんな曲をつくってほしいかをくみとりつつ、わからない部分はその場で質問します。だから、コミュニケーション能力は欠かせませんね。

高橋さんの夢ルート

小学校 ▶ バンドを組みたい
同じ北海道出身のGLAYにあこがれた。

中学校 ▶ 作曲家
吹奏楽部で全国大会に出場。映画が好きで映画音楽をつくる人になりたいと思った。

高校 ▶ 音楽の先生
中学の吹奏楽部の顧問の先生の影響を大きく受けた。

大学 ▶ 音楽の先生 → サウンドクリエーター
友だちの影響でMONACAの音楽に出会ったことが転機になった。

Q どんな子ども時代を過ごしましたか？

小学4年生から吹奏楽部に入り、トロンボーンを吹いていました。そのころ地元にジャズバンドができて、そこに入りました。そのバンドで会ったプロの人の演奏にとても感動し、「ぼくもいい演奏がしたい！」と思ったのを覚えています。

中学でも吹奏楽部に入り、顧問の先生がいる音楽準備室に仲間と入りびたっていました。先生の私物のCDがたくさんあって、全部自由に聴くことができたんです。先生は、譜面を書くことができたので、あこがれでした。そのころのぼくは、思ったことをすぐ口にする子どもで、先生からよく「しゃべる前に2秒考えろ」と言われていました。話をするときはいまだに、この先生からの言葉をよく思い出します。

吹奏楽部では、自分のパートだけでなく全体がどう聴こえるか気にして演奏しました。全国大会にも行ったんですよ。

中学時代の高橋さん（右）。このころから自分でアレンジを考えるのが好きだった。

Q 初めての音楽制作体験は？

中学時代、友だちと金管楽器だけのグループを結成しました。でも、楽譜を買うお金がなかったので、やりたい曲を耳で聴きとって、自分で編曲したんです。

初めてのことで、何から手をつければいいかわからず悩んでいたときに、顧問の先生から「いちばん低い音（ベース）と、いちばん高い音（メロディ）から聴きとればいい。そのあとは間の音を埋めていけばいいんだ」というアドバイスを受け、「これならできそう！」と希望がもてたことを覚えています。そこから、だんだんと和音の知識をつけていきました。

Q 中学のときの職場体験は、どこに行きましたか?

職場体験は「総合的な学習」の一環として、学校で野菜を売りました。自分で商品を仕入れて売る、という仕事をやらせてもらったんです。素人の中学生にそんなことをやらせてくれるなんて、今思うとすごいですよね。

何を売るかというところから、近所のお店の人といっしょに考え、いろいろな野菜を売りました。自分が大好きなサツマイモの紅あずまを仕入れて売ったのを覚えています。

Q 職場体験では、どんな印象をもちましたか?

「やり方さえわかれば仕事って意外とできるな」と思いました。かなり生意気な中学生ですよね。

どんな仕事でも、いくつかの段階に分けて、そのひとつひとつに具体的な指示があれば、中学生でもできるんじゃないかと思います。

仕事に限らず、何かを「やりたいけれどもできない」と思うときって、ほとんどが、「やり方がわかっていない」んだと思うんです。現在の仕事に直接活きているというわけではないかもしれませんが、初めに仕事の進め方を考えた方がいいんだ、というのを職場体験を通じて学びました。

Q この仕事をめざすなら、今、何をすればいいですか?

見よう見まねでかまわないので、とにかく曲をつくってみてほしいですね。音楽に限らないと思いますが、0から1を生みだすときが、いちばん大変。何でもいいから一度形にして、気になる部分を修正していけばいいんです。だから、最初の一歩をふみだす勇気をもってほしいと思います。

そして、感性が豊かな中学生の間に、さまざまな音楽に興味をもって、どんどん聴いてほしいです。映画、アニメ、ゲーム、何でもOKです。いろいろなものにふれて、たくさんのことを感じとってほしいですね。

誰かに助けてもらえるわけではない 作曲は強い意志と忍耐のいる仕事です

ー 今できること ー

ふだんの暮らし

音楽をつくりだす仕事ですから、ジャンルを問わず多くの音楽にふれておいた方がいいでしょう。

音楽の仕事でも、コミュニケーション能力が重要です。クラスや部活での話し合いでは、自分から積極的に意見を言い、相手の言うことを理解することを意識してください。

オーケストラや吹奏楽部があるなら、入部をおすすめします。さまざまな楽器にふれられますし、それぞれの楽器が得意なことや苦手なことがわかってきます。

国語 依頼主とのコミュニケーションが大切な仕事です。「切ない」「しんみり」など、曲に微妙なニュアンスを求められたとき、それを理解するにも語彙力が必要です。

社会 作品に合った音楽をつくるために、歴史や地理、世界の文化などにも興味をもてるとよいでしょう。

音楽 音楽室では多くの楽器にふれることができます。また、ミュージシャンに演奏してもらうには、楽譜を書けなければいけません。基本を身につけておきましょう。

美術 音楽だけではなく、芸術全般に興味をもつと、作曲のはばが広がります。

仕事のつながりがわかる
ITの仕事 関連マップ

スマートフォンの ゲームアプリ開発の場合

ここまで紹介したITの仕事が、それぞれどう関連しているのか、スマートフォンのゲームアプリの制作を例に見てみましょう。

開始

プロデューサー
ゲームアプリ制作プロジェクト全体の責任者で、最終的な決定権をもつ。ゲームをつくることを決めたら、まずディレクターを任命する。そしてゲームをつくる予算を用意する。制作中は予算を管理し、ディレクターの仕事ぶりをチェックする。

↓ 任命

ディレクター
プロジェクトのリーダー役。それぞれに仕事を依頼し、その仕事ぶりや出来ばえをチェックする。全体のスケジュールの管理もディレクターの仕事。

← システム依頼

システムエンジニア P.04
ディレクターから依頼を受け、つくりたいゲームに必要なプログラムは何か考える。プログラムの種類や数が決まったら、プログラマーに依頼する。プログラマーのつくるプログラムの出来ばえやスケジュールはシステムエンジニアが管理する。

↓ プログラム依頼

プログラマー P.10
システムエンジニアから依頼を受け、プログラムをつくる。デザインされた画像、キャラクターの動き、音楽データなどはプログラマーのもとに集められる。それらをプログラムでまとめ、ゲームアプリを完成させる。

ディレクターから → 制作依頼

デザイナー
ディレクターの指示で、キャラクターデザイナーはキャラクターを考え、背景デザイナーは背景の絵を描き、UIデザイナーは画面内のボタンや矢印などをデザインする。

→ データ提供 → プログラマー

完成

※このページの内容は一例です。会社によって、仕事の分担や、役職名は大きく異なります。

プランナー P.22
ディレクターからの依頼を受け、どんなゲームにするか企画を立てる。プランナーの立てた企画をもとにゲームがつくられていく。

連携

シナリオライター
RPGなど、物語性のあるゲームアプリを制作する場合、ストーリーを考えるシナリオライターがいる。ディレクターを中心にプランナーとも相談しながら、シナリオをつくる。

企画依頼

WEBデザイナー P.28
ゲームを宣伝するためのWEBサイトをつくる。開発中から、徐々に内容を紹介していき、注目を集める。

WEBサイト制作依頼

CGアニメーター P.16
キャラクターデザイナーが考えたキャラクターの動きを考える仕事。さまざまな動きを絵にしていく。

連携

サウンドクリエーター P.34
ゲーム中に流れる音楽をつくる。どんな音楽がどのくらい必要かは、ディレクターから指示が入る。

これからのキャリア教育に必要な視点 1
プログラミング教育の本当の意味とは？

▶ プログラミング教育は誤解されている!?

2020年からプログラミング教育が、小学校で必修化されました。

中学校の技術・家庭科ではすでに2012年から「プログラムによる計測・制御」が必修化されていますが、アニメーションづくりなどを加えて、拡大することが検討されています。

「プログラミング教育＝コンピューターで何かをつくる技術を学ぶ」と思っている人も多いのではないでしょうか。じつはそうではないのです。では、本当のプログラミング教育とはいったい何なのでしょうか？

プログラミング教育がめざしているのは、課題解決に向けて筋道を立てて考える力、つまり、「論理的思考能力」を伸ばすことです。

論理的思考能力とは、コミュニケーション能力のひとつであり、例えば、相手を説得したり、会話を続けたりするときにも必要な力です。じつは現在の中学校の授業においても、各教科で論理的思考能力を伸ばすカリキュラムは組まれています。

しかし、これまでの授業では論理的思考能力はあまり意識されていませんでした。そこで、先生にも生徒にも論理的思考能力を強く意識させるために、文部科学省が「プログラミング教育」というインパクトのある言葉を出してきたのだろうと考えています。

ですから、「プログラミング教育は技術・家庭科で行うから、それで十分」だと思わないでください。授業では、キットのロボットを、プログラミングで動かす学校が多いと思われますが、ロボットを動かしたからといって、それだけではプログラミング教育を行ったことにはなりません。コンピューターは、情報を活用するための道具のひとつに過ぎないからです。

プログラミング教育にとって大切なのは、技術・家庭科だけでなく、すべての教科の中で論理的思考能力を意識させることです。たとえ教える内容が以前と変わらなくても、意

プログラミング教育の流れ

- **2012年** 中学校の技術・家庭科で「プログラムによる計測・制御」が必修化。
- **2013年** 政府、成長戦略に「義務教育段階からのプログラミング教育等のIT教育を推進する」と記述。
- **2014年** 文部科学省、「プログラミング教育実践ガイド」、「諸外国におけるプログラミング教育に関する調査研究」を発表。
- **2016年** 文部科学省、「小学校段階におけるプログラミング教育の在り方について」有識者会議を開催。
- **2020年** 小学校でのプログラミング教育を必修化。

プログラミングロボット『KOROBO』を使ったプログラミング授業では、車型のロボットを組みたて、専用ソフトでさまざまな動きをプログラミングする。

識することで生徒たちに身についていくものであり、それにより、ものの見方が変わっていくからです。

やがて生徒たちが社会に出てどんな仕事に就いたとしても、論理的思考能力は必ず活きてくるでしょう。プログラミング教育もまた、キャリア教育のひとつなのです。

▶ 海外でも導入が進むプログラミング教育

海外に目を向けてみますと、ここ数年、小学生にあたる年齢にプログラミング教育を導入する動きが進んでいます。例えば、イギリスでは2014年より、5歳からプログラミングを教育内容に加えています。ただ、どの国も根底にあるのは、早くからプログラミング教育を始めて、立派なプログラマーを育てることよりも、日本と同じように、論理的思考能力を育てることが大切だという意識です。海外でも、論理的思考能力を意識させたあと、プログラムでロボットを動かすなどの体験活動を行うようになっています。

▶ 時代の変化をふまえたキャリア教育を

この本にはIT業界で活躍するたくさんの若者たちが登場しますが、じつは文系出身者が多いことに気づきましたか？

すでに「IT＝理系」ではなくなりつつあり、文系、理系という分け方自体、もう古いのです。IT業界で働く人に求められるのは論理的思考能力であり、なにも単にコンピューターが得意な人がITの仕事を独占しているわけではないのです。

また、時代の変化により、仕事も変わります。数年前にはなかった新しい仕事が生まれ、反対に、数年先にはなくなっていく仕事もあるはずです。

だとすれば、中学生の段階では「やりたい仕事」をあまりしぼりこみ過ぎず、「この業界に関わりたい」という程度の大きな方向性をもつことが大事ではないでしょうか。

その上で、各業界にはさまざまな大切な仕事があることを、キャリア教育では伝えていくべきだと思います。

PROFILE
玉置 崇

岐阜聖徳学園大学教育学部教授。
愛知県小牧市の小学校を皮切りに、愛知教育大学附属名古屋中学校や小牧市立小牧中学校管理職、愛知県教育委員会海部教育事務所所長、小牧中学校校長などを経て、2015年4月から現職。数学の授業名人として知られる一方、ICT活用の分野でも手腕を発揮し、小牧市の情報環境を整備するとともに、教育システムの開発にも関わる。文部科学省「校務におけるICT活用促進事業」事業検討委員会座長をつとめる。

構成　林孝美

さくいん

あ

アート作品 ………………………………… 10, 11, 15

IT ……………………………… 7, 13, 25, 31, 40, 42, 43

IT系企業 …………………………………………… 7, 13

アニメーション(アニメ) ……… 11, 13, 16, 17, 18, 19, 20, 21, 34, 35, 36, 37, 38, 39, 42

アニメーション制作会社 ……………………………… 19

アプリ ……………………………… 5, 23, 24, 25, 29, 40, 41

イベント ……………………………………………… 22, 23

Illustrator ……………………………………………… 32

WEBサイト … 9, 11, 23, 24, 25, 26, 28, 29, 30, 31, 33, 41

WEB制作会社 ………………………………………… 25, 31

WEBデザイナー … 23, 24, 26, 28, 29, 30, 31, 32, 33, 41

映像 ………………………………… 5, 11, 12, 13, 16, 18, 19

AI …………………………………………………………… 24

SNS ………………………………………………………… 29

音楽 ……………………… 14, 34, 35, 36, 37, 38, 39, 40, 41

音楽制作会社 ……………………………………………… 37

か

キャラクター ………………………… 8, 16, 17, 18, 20, 40, 41

キャンペーン ……………………………………………… 22, 23

グラフィックデザイン ……………………………… 21, 30, 32

ゲーム(ゲームソフト) ………… 4, 5, 6, 7, 8, 9, 13, 14, 15, 18, 19, 20, 34, 35, 36, 37, 38, 39, 40, 41

ゲーム会社 ……………………………………… 5, 7, 13, 19

広告代理店 ……………………………………………… 25

コンピューター ………… 5, 7, 9, 10, 11, 12, 13, 14, 15, 16, 17, 19, 24, 42, 43

さ

サウンドクリエーター ……………… 34, 35, 36, 37, 38, 41

CM ……………………………………………………… 27, 36

CG …………………………………………………… 16, 17, 19, 20

CGアニメーター ………… 12, 16, 17, 18, 19, 20, 21, 41

システムエンジニア ………………… 4, 5, 6, 7, 8, 9, 40

シナリオライター ……………………………………………… 41

職場体験 ……………………………… 9, 15, 21, 27, 33, 39

スマートフォン ………… 4, 5, 7, 9, 11, 18, 23, 24, 29, 40

スマートフォンアプリの制作会社 ……………………… 25

3DCG(3DCGソフト) ………………… 17, 18, 19, 20, 21

ソフトウェア(ソフト) ………… 5, 11, 12, 14, 15, 17, 19, 24, 31, 32, 35, 36, 43

た

ディレクター ……………………… 29, 30, 35, 36, 38, 40, 41

デザイナー …………………………………… 31, 33, 40, 41

デザイン ……………………… 27, 28, 29, 30, 31, 32, 33, 40

は

パソコン ………… 5, 6, 9, 11, 15, 17, 18, 19, 23, 24, 26, 29, 31, 32, 35, 36

VR ……………………………………………… 4, 5, 6, 7, 13

Photoshop ……………………………………………… 32

プランナー ……………………… 22, 23, 24, 25, 26, 27, 41

プログラマー ………… 5, 10, 11, 12, 13, 14, 15, 17, 18, 23, 30, 40, 43

プログラミング教育 …………………………………… 42, 43

プログラム ………… 5, 6, 9, 10, 11, 12, 13, 14, 15, 16, 17, 24, 25, 30, 40, 42, 43

Pro Tools ……………………………………………… 35

プロデューサー ………………………………………… 35, 40

ヘッドマウントディスプレイ ……………………… 5, 6, 13

ペンタブレット …………………………………………… 19

ら

LINEスタンプ …………………………………………… 30

ロボット ………………………………………… 15, 42, 43

論理的思考能力 …………………………………… 42, 43

【取材協力】
株式会社コロプラ　https://colopl.co.jp/
チームラボ株式会社　https://www.team-lab.com/
株式会社カヤック　https://www.kayac.com/
株式会社キノトロープ　https://www.kinotrope.co.jp/
有限会社モナカ：MONACA　http://www.monaca.jp/
―
荒川区立第三中学校
新宿区立 四谷中学校
中村中学校

【写真協力】
サントリーホールディングス株式会社
マイクロソフト ディベロップメント株式会社
株式会社イーケイジャパン

【解説】
玉置崇（岐阜聖徳学園大学教育学部教授）　p42-43

【装丁・本文デザイン】
アートディレクション／尾原史和・大鹿純平
デザイン／SOUP DESIGN

【撮影】
平井伸造　p4-9、p22-33
土屋貴章（303BOOKS）　p10-21、p34-39

【執筆】
林孝美　p42-43

【企画・編集】
西塔香絵・渡部のり子（小峰書店）
常松心平・中根会美（303BOOKS）

【協力】
加藤雪音
岡村虹
加藤梨子
若松志歩
柴田さな
相本乃杏

キャリア教育に活きる！
仕事ファイル１
ITの仕事

2017年 4月 5日　第1刷発行
2022年 8月10日　第5刷発行

編　著　　小峰書店編集部
発行者　　小峰広一郎
発行所　　株式会社小峰書店
　　　　　〒162-0066 東京都新宿区市谷台町4-15
　　　　　TEL 03-3357-3521　FAX 03-3357-1027
　　　　　https://www.komineshoten.co.jp/
印　刷　　株式会社精興社
製　本　　株式会社松岳社

©Komineshoten
2017 Printed in Japan
NDC 366　44p　29×23cm
ISBN978-4-338-30901-1

乱丁・落丁本はお取り替えいたします。
本書の無断での複写（コピー）、上演、放送等の二次利用、翻案等は、著作権法上の例外を除き禁じられています。本書の電子データ化などの無断複製は著作権法上の例外を除き禁じられています。代行業者等の第三者による本書の電子的複製も認められておりません。

キャリア教育に活きる！仕事ファイル

センパイに聞く

第1期 全7巻

① **ITの仕事**
システムエンジニア、プログラマー
CGアニメーター、プランナー、WEBデザイナー
サウンドクリエーター

② **メディアの仕事**
映像クリエーター、YouTubeクリエーター、アナウンサー
広告ディレクター、編集者、グラフィックデザイナー

③ **ファッションの仕事**
ファッションデザイナー
ファッションイベントプロデューサー
カメラマン、ヘア＆メイクアップアーティスト
プレス、スタイリスト

④ **ショップの仕事**
雑貨店店長、アパレルショップ店長、
百貨店バイヤー、オンラインモール運営
園芸店店長、書店員

⑤ **フードの仕事**
レシピサービス運営、調理師、菓子開発者
パティシエ、フードコーディネーター、農家

⑥ **インターナショナルな仕事**
映像翻訳家、留学カウンセラー、商社パーソン
旅行会社営業、日本ユネスコ協会連盟職員、JICA職員

⑦ **新しいキャリア教育ガイドブック**

第2期 全6巻

⑧ **サイエンスの仕事**
気象予報士、データサイエンティスト
JAXA研究者、JAMSTEC研究者、ロボット開発者
科学コミュニケーター

⑨ **学校の仕事**
中学校教諭、特別支援学校教諭、保育士
司書教諭、スクールカウンセラー、文房具開発者

⑩ **住まいの仕事**
デベロッパー、建築家、大工、家具職人
プロダクトデザイナー、生活雑貨バイヤー

⑪ **動物の仕事**
水族園調査係、WWFジャパン職員
盲導犬訓練士、獣医師、動物保護団体職員
動物園飼育係

⑫ **メディカルの仕事**
歯科医、フライトドクター、心臓血管外科医
オペナース、医薬品研究者、再生医療研究者

⑬ **伝統文化の仕事**
着物デザイナー、江戸切子職人、花火ディレクター
あめ細工師、こけし工人、日本酒蔵人

第3期 全7巻

⑭ **マネーの仕事**
銀行員、証券会社システム開発、造幣局職員
電子マネー企画、公認会計士
ファイナンシャルプランナー

⑮ **スポーツの仕事**
スポーツアナウンサー、スポーツマーケター
プロ野球球団職員、スポーツトレーナー
スポーツ用品メーカー営業
eスポーツプレーヤー

⑯ **旅行の仕事**
客室乗務員、エコツアーガイド
観光タクシードライバー、日本政府観光局職員
ホテリエ、旅行サイト制作

⑰ **海の仕事**
海上保安官、漁師
スクーバダイビングインストラクター
航海士、造船技師、水産食品研究者

⑱ **山の仕事**
林業作業士、アウトドアメーカー広報
自然保護官、山岳ガイド、山岳救助隊員、火山研究者

⑲ **福祉の仕事**
手話通訳士、点字フォント発明家、介護福祉士
理学療法士、義肢装具士、ケースワーカー

⑳ **美容の仕事**
美容師、エステティシャン、ネイルアーティスト
ビューティーアドバイザー、化粧品研究者、美容皮膚科医